L'Abbé CURTET

CE QUE C'EST QU'UN PÈLERINAGE
En Terre-Sainte

CAUSERIE FAMILIÈRE ET IMPRESSIONS

Nous sommes entrés dans la maison qu'Il a habitée, nous L'avons adoré aux lieux mêmes qu'Il a foulés de ses pieds.
(Ps. CXXXI, v. 7.)

PRIX : 0 fr. 50
(Au profit des Œuvres de Terre-Sainte)

LA CHAPELLE-MONTLIGEON (ORNE)
LIBRAIRIE DE N.-D. DE MONTLIGEON
—
1903

Dédié

Aux Sœurs de la "Croix" de Jésus

de Groissiat

L'Abbé CURTET

CE QUE C'EST QU'UN PÈLERINAGE

En Terre-Sainte

CAUSERIE FAMILIÈRE ET IMPRESSIONS

Nous sommes entrés dans la maison qu'Il a habitée, nous L'avons adoré aux lieux mêmes qu'Il a foulés de ses pieds.
(Ps. CXXXI, v. 7.)

PRIX : 0 fr. 50
(Au profit des Œuvres de Terre-Sainte)

LA CHAPELLE-MONTLIGEON (Orne)
IMPRIMERIE-LIBRAIRIE DE N.-D. DE MONTLIGEON

1903

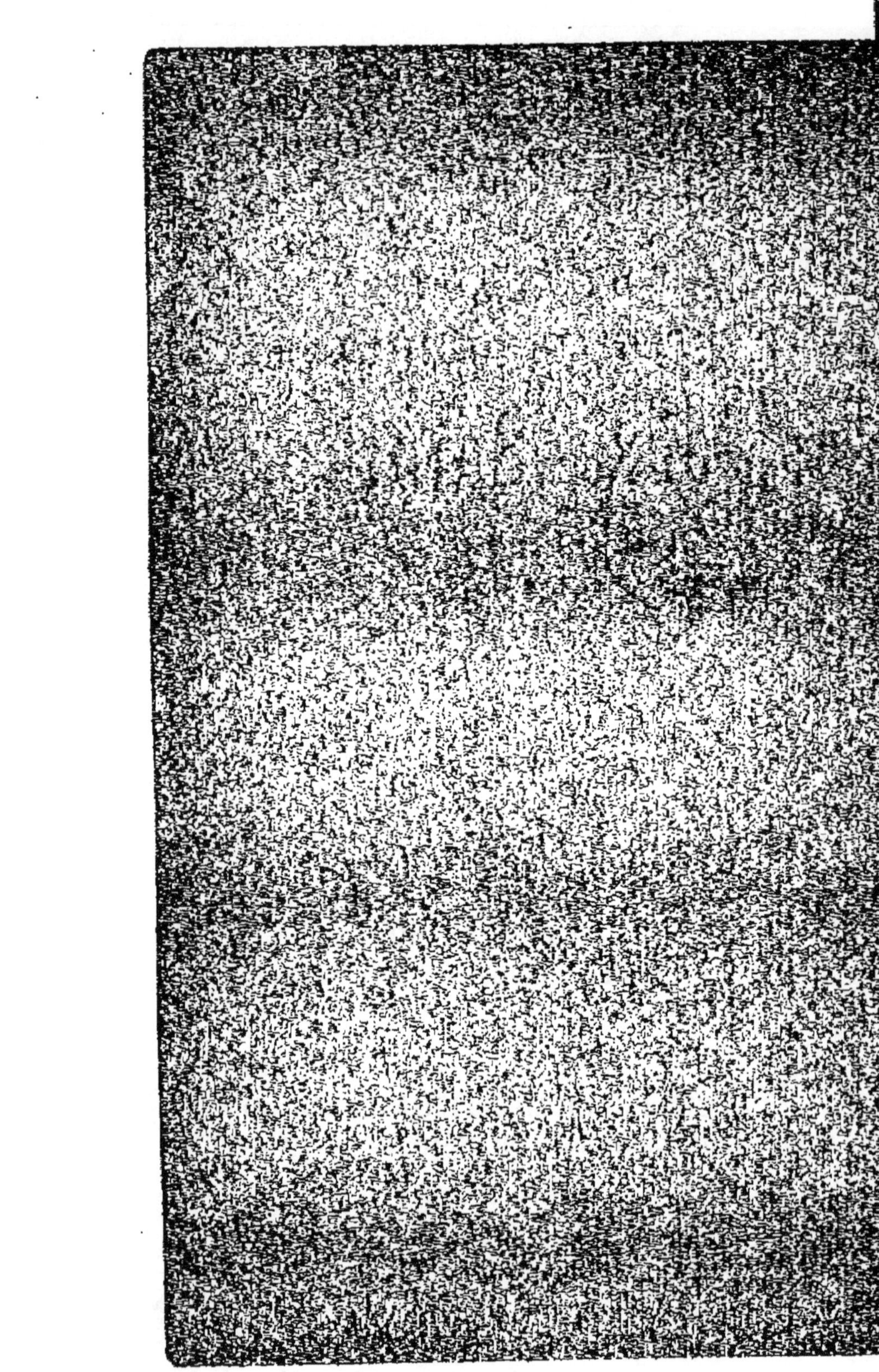

CE QUE C'EST

QU'UN

Pèlerinage en Terre-Sainte

I

La traversée. — Aller et retour.

Le voyage de Terre-Sainte n'est pas un voyage de touriste. On aurait tort de croire que la simple curiosité pût porter à visiter cette contrée lointaine ; et je plaindrais de tout mon cœur le voyageur qui n'aurait pour mobile que cette vaine satisfaction : il serait complètement déçu. Le chrétien, le prêtre surtout qui entreprend ce voyage, n'éprouvera de jouissance véritable qu'autant qu'il sera pénétré de cette pieuse pensée : *je vais voir les lieux mêmes où s'est accomplie toute l'histoire de la Bible, les lieux sanctifiés surtout par la naissance, la vie et la mort de notre divin Sauveur.*

Or, je puis affirmer que telle a été la pensée de l'auteur de ces lignes, lorsqu'il a médité et accompli ce saint voyage; et s'il a goûté alors un bonheur inexprimable, ce bonheur, il le savoure encore avec délices, en rappelant à sa mémoire ces souvenirs à jamais chers à son cœur. Et rien de plus agréable pour lui que de faire part aux autres de ses propres impressions, vieilles déjà de plusieurs années, mais non moins vives que le premier jour.

Le pèlerinage de Terre-Sainte a toujours pour point de départ le sanctuaire de *Notre-Dame de la Garde*. Cette chapelle consacrée à Marie domine la ville de Marseille et la mer. N'est-ce pas une excellente précaution, avant de faire cette longue traversée d'une semaine, que de se mettre sous le patronage de cette bonne Mère qu'on n'invoque jamais en vain? Et puis, c'est dans ce pieux sanctuaire que sont donnés les avis généraux à tous les pèlerins, là que sont distribués les insignes qui doivent leur servir de marque de ralliement, insignes bien simples assurément : c'est une petite croix en laine rouge, bénite par Mgr l'Évêque de Marseille, que chacun portera sur la poitrine, depuis le premier jour du pèlerinage jusqu'au dernier.

Alors, vers midi, tous les pèlerins prennent place dans un grand vaisseau mis complètement à leur disposition, soit à l'aller, soit au retour. Je n'ai point à faire la description de ce vaisseau et de chacune de ses parties : ce ne serait pas ici le lieu. Disons seulement que deux croix monumentales y sont dressées sur le pont ; ces croix seront portées à Jérusalem à travers la *Voie douloureuse*, puis rapportées en France pour être envoyées à différents lieux de pèlerinage. Ces grandes croix et le navire lui-même reçoivent une bénédiction solennelle de Mgr l'Évêque, qui lit en même temps des prières d'exorcismes composées par Notre Saint-Père le Pape Léon XIII, pour que le démon, l'ennemi de tout bien, ne vienne pas employer à nous nuire la puissance que Dieu lui laisse. Avant qu'on ait levé l'ancre et gagné la pleine mer, une messe est célébrée dans la chapelle qui occupe tout l'arrière du vaisseau, soit un espace de 25 mètres sur 12; elle peut donc assez commodément contenir les 350 pèlerins qui forment le contingent de notre pèlerinage.

Vous me demandez pourquoi cette messe tardive avant le départ. Eh! la raison se devine sans peine : c'est pour permettre de consacrer cette Hostie sainte qui restera enfermée au Tabernacle, et sera notre plus sûre protection pendant la traversée. Possédant alors avec nous et d'une manière bien réelle Celui qui, sur la mer de Galilée, savait gouverner la barque de Pierre et résister à la violence des vagues et du vent, on peut être tranquille, n'est-ce pas? et voguer au gré des flots.

Aussi, vous pensez bien que, dès la première heure, la partie du vaisseau la plus fréquentée, c'est la chapelle, le premier jour surtout. Les chapelets succèdent aux chapelets, sans que le moindre signe d'impatience se montre sur les visages : c'est la piété la plus franche et la plus sincère, et je vous souhaite, mes bien chers lecteurs, de mettre toujours autant de recueillement et de ferveur que nos pèlerins dans la récitation du saint rosaire. Voilà un exercice peu pénible assurément, et, du reste, l'exemple de ceux qui nous entourent n'est-il pas un puissant encouragement ?

Mais, comme il faut que l'épreuve ait sa place marquée dans un pèlerinage qui s'intitule : *pèlerinage de pénitence*, le mal de mer va se charger de nous en fournir l'occasion. Oh ! n'exagérons pas la gravité de ce mal, que croient à tort bien redoutable ceux qui ne l'ont jamais éprouvé. Non, s'il est des personnes qui en souffrent cruellement, ce n'est que le bien petit nombre ; quoi qu'il en soit, ce n'est pas une maladie mortelle ; et chose curieuse, plus on souffre, plus on éprouve de bien-être, la souffrance une fois passée. Celui qui renoncerait à faire le pèlerinage de Terre-Sainte uniquement à cause de cette appréhension du mal de mer serait, pourquoi ne le dirais-je pas? un insensé ou tout au moins un poltron.

Six ou sept jours de traversée! Ce serait long, bien long, si chaque heure n'avait son emploi marqué dans un règlement sagement ordonné par les directeurs du pèlerinage. Car ce parcours de la mer Méditerranée est en somme assez monotone. A part la Corse et quelques petites îles, le détroit de Messine et la Crète, qu'on peut apercevoir du vaisseau en plein jour, c'est toujours l'immensité de la mer ; spectacle grandiose assurément, surtout si la mer est plus ou moins agitée ; mais on est vite rassasié de ce spectacle toujours le même. Le temps durerait atrocement si chaque pèlerin était livré à lui-même du matin au soir.

Au surplus, voici le programme de la journée sur le bateau :

L'action principale après le lever, c'est la sainte messe. La messe du pèlerinage se dit vers 6 heures ; elle est basse, avec chant de l'*Ave Maris stella*, du grand *Credo* de Dumont et du suave cantique : *Le voici l'Agneau si doux*... pendant la communion. Et je vous assure que, pendant ce pèlerinage, bien nombreux sont chaque jour les communiants. Quant aux 170 prêtres qui faisaient partie de la sainte expédition, vous vous demandez comment ils pouvaient célébrer. Eh bien ! je vais vous montrer que c'était parfaitement possible et même très facile. Outre l'autel principal, il y avait soit à droite, soit à gauche, une vingtaine d'autels portatifs larges à peine d'un mètre, que se partageaient ces nombreux prêtres, et à 8 heures chacun d'eux s'était acquitté de ce pieux devoir. A la fin de la messe du pèlerinage, le célébrant, qui n'était autre que le Directeur lui-même, donnait quelques avis relatifs à la journée, et où la note gaie et surtout encourageante ne manquait jamais : c'était utile, c'était même nécessaire pour beaucoup de pèlerins.

A 8 ou 9 heures, premier chapelet du rosaire, avec méditation sur chacun des mystères par un religieux Dominicain. — Entre 10 et 11 heures, premier repas. — A midi, conférence sur un sujet sérieux, se rapportant plus ou moins directement au pèlerinage. Ainsi, nous avons eu une conférence sur les missions d'Afrique; et ce qui a donné le plus vif intérêt à cette conférence, c'est que nous avions parmi les pèlerins des religieux, des prêtres ou des laïques connaissant le continent africain, qui venaient confirmer les paroles de l'orateur par leur propre témoignage. D'autres conférences ont été données sur l'Égypte, par où nous devions passer, sur la Terre Sainte, sur les pèlerinages anciens, sur le Saint-Sépulcre, etc...

A 1 heure et demie, deuxième chapelet; — à 3 heures, chemin de croix prêché par un Père Franciscain; — à 5 heures et demie, dîner; — à 7 heures, récréation. Après une journée si bien remplie, il fallait un peu de délassement pour l'esprit et le corps; aussi un certain nombre de jeunes gens s'étaient entendus pour dérider les visages et consoler les malades par des récits, des monologues en vers ou en prose, des romances, des chansonnettes, etc... Des poètes même traduisaient dans la langue des Muses leurs propres impressions, et j'ai pu conserver quelques échantillons remarquables de ces poésies.

Enfin, la journée, commencée par la prière, se terminait encore par la prière, par le troisième chapelet et la bénédiction du Très Saint Sacrement, le bouquet de nos pieux exercices. Tous les chants, j'ai oublié de le dire, étaient accompagnés par l'harmonium. On se serait cru dans un monastère et un monastère modèle, où la paix, la joie, la bonne harmonie, unissaient tous les cœurs.

Vous voyez que rien ne laissait à désirer. Les moments libres étaient consacrés soit à admirer la mer ou les terres qui s'offraient aux regards, soit à réciter le bréviaire (pour les prêtres), soit à écrire des lettres à destination de la France, soit à visiter en détail chacune des parties du bateau, soit à consulter la grande carte déployée sur le pont, pour y voir les passages parcourus ou à parcourir. Ou bien on se livrait à des conversations intimes ; lorsqu'on doit se trouver ensemble pendant six semaines, on lie bien vite connaissance, surtout quand il y a communauté de sentiments.

Sur les sept jours de traversée, qui se ressemblent tous, il en est un cependant qui doit être ici signalé : c'est le dimanche. Un dimanche en mer! voilà qui n'est point du tout banal. La chapelle revêt un air de fête : elle est plus gracieusement ornée que les jours ordinaires. A côté des pèlerins prennent place les hommes de l'équipage, capitaine en tête, tous dans la tenue la plus digne et la plus respectueuse. La messe est chantée solennellement ; on fait appel aux voix les plus exercées pour les chants propres ; quant aux chants communs, chacun y contribue suivant son pouvoir. Après l'Évangile, le célébrant prononce une instruction ; on dirait qu'on se trouve dans une église de France. Et voilà qu'au moment de l'Élévation, le canon retentit pour annoncer au loin que Notre-Seigneur Jésus-Christ est descendu sur l'autel. C'est imposant, c'est magnifique, et bien des yeux se mouillent de larmes de joie et d'émotion.

Assurément, ces jours de la traversée ne sont pas les plus beaux du pèlerinage ; mais ils laissent dans l'âme un parfum délicieux qui ne s'effacera pas.

Au retour, cette journée du dimanche aura un charme spécial : c'est la cérémonie de la première communion de quatre petits mousses attachés au vaisseau. Un de nos vénérables prêtres s'était donné la mission d'instruire ces enfants et de les préparer à ce grand acte. Grâce à leur bonne volonté, il n'eut pas trop de peine à mener à bien cette préparation; et les pèlerins furent témoins, ce jour-là, d'une fête splendide que la circonstance rendait encore plus belle et plus mémorable. Ajoutez à cela une procession du Saint-Sacrement autour du navire, avec reposoir magnifique. Vingt prêtres en chasuble escortaient le Saint-Sacrement, porté par notre vénéré Directeur sous un dais élégant fabriqué à la hâte. L'équipage assista à la fête, et le canon se fit entendre plus d'une fois pendant la touchante cérémonie.

Voilà des souvenirs ineffaçables et des jouissances qui valent bien celles après lesquelles courent les mondains sans pouvoir donner à leur cœur ce contentement que nous procure, à nous chrétiens, chacune des fêtes de notre sainte religion, quand notre âme est en paix avec Dieu.

Je termine là, chers lecteurs, ce premier chapitre qui sert d'introduction au pèlerinage proprement dit. S'il peut inspirer à quelques-uns d'entre vous le désir de faire un semblable voyage, je serai le premier à m'applaudir d'y avoir contribué pour ma part. Après le grand voyage du paradis, je n'en connais point de plus beau à faire : c'était ma pensée avant de l'entreprendre, c'est à plus forte raison ma pensée après l'avoir effectué.

II

L'Égypte ; le mont Carmel ; Nazareth.

Le premier projet de nos Directeurs était de nous faire passer par Rome. Mais un grand nombre de nos pèlerins, ayant déjà vu Rome, obtinrent un changement d'itinéraire ; il fut donc décidé que nous passerions par l'Égypte. J'aurais certainement préféré de beaucoup le projet primitif. En effet, que de choses merveilleuses à voir dans cette capitale de la chrétienté et du monde ! Souvenirs païens, souvenirs chrétiens des premiers siècles, églises, monuments splendides à visiter, et avant tout... le Pape, le vicaire de Jésus-Christ sur la terre ! L'Égypte, sans doute, garde des souvenirs précieux ; je ne parle pas des Pyramides et autres monuments qui datent du temps des patriarches ; mais on sait que la sainte Famille séjourna longtemps en Égypte. On montre encore un arbre antique, rejeton de celui qui l'abrita au jour de son arrivée dans la capitale, Héliopolis ; et, tout à côté, une source qui jaillit sous les pas de l'enfant Jésus ; enfin une ancienne grotte qui servit de demeure aux trois augustes personnages pendant leur séjour. Tous ces souvenirs sont appuyés sur les témoignages indiscutables des premiers siècles. Mais la visite de ces lieux bénis n'a qu'une importance secondaire pour le pèlerin de Terre-Sainte, pour celui qui va, un mois durant, parcourir les chemins mêmes qu'a parcourus Jésus, qu'ont parcourus les patriarches, les apôtres.

Donc, nous avons eu, pendant quatre jours, le temps de visiter le nord de l'Égypte ; en particulier Alexandrie, ville très ancienne, remarquable surtout par le grand nombre de saints qui l'illustrèrent, notamment sainte Catherine ; — le Caire, ville presque entièrement musulmane où l'on peut étudier la vie de ce peuple arabe qui reconnaît un seul Dieu, mais qui ne voit en Jésus-Christ qu'un simple prophète moins grand que Mahomet ; — les Pyramides, ces gigantesques tombeaux élevés par les Pharaons ; — le superbe musée de Gisch, où il nous a été donné de contempler, au milieu d'une collection de merveilles de tout genre, la momie fort bien conservée de Sésostris, c'est-à-dire du pharaon premier persécuteur des Hébreux, dont la fille sauva Moïse.

C'est tout ce que je dirai ici de cette partie de mon pèlerinage. Je me reprocherais cependant de ne point mentionner ces œuvres catholiques, ces écoles fondées par nos religieux français, pour apprendre notre langue et faire aimer la France par des milliers d'enfants égyptiens. En ces pays infidèles, loin de persécuter les religieux, on les acclame, on les aime ; et ce serait aujourd'hui pour l'Égypte une vraie désolation, si on les voyait partir de ce pays qu'ils ont su s'attacher par les liens les plus solides et les plus durables.

Le bateau nous reprend au port d'Alexandrie pour nous transporter jusqu'au port de Caïffa, dans la Galilée. Il y a en Terre-Sainte deux ports principaux : Caïffa au nord, et Jaffa au midi. — J'ai dit deux ports, ce n'est pas exact ; car il n'y a pas de ports proprement dits, le rivage étant inabordable aux grands vaisseaux, à cause des nombreux écueils qui en rendent l'accès impossible. Le vaisseau est donc obligé de stationner à un kilomètre environ du bord, et le débarquement s'effectue au moyen de barques pouvant contenir une quinzaine de passagers ; c'est une opération longue de deux ou trois heures quand la mer est calme ; mais si elle est tourmentée, on se voit obligé d'attendre plusieurs heures, et parfois plusieurs jours, la fin de la tempête. Autrement ce serait risquer sa vie que de s'aventurer à travers les vagues soulevées, sur une frêle embarcation.

La Terre-Sainte! La Terre-Sainte! C'est le cri que nous poussons joyeux et ravis lorsque nous arrivons, un soir à 9 heures, en vue du mont Carmel que domine un phare brillant. Il était trop tard pour débarquer : nous dûmes attendre le lendemain. La joie de quitter le vaisseau et de fouler la Terre-Sainte fait oublier leurs douleurs à ceux qui souffraient du mal de mer ou d'autres indispositions. Tout le monde étant réuni sur le rivage, on baise pieusement la terre pour gagner une indulgence, et on organise immédiatement une procession, qu'on voit se dérouler lentement à travers le sentier rocailleux qui aboutit au couvent du Mont-Carmel.

Le mont Carmel était autrefois la plus belle des montagnes de Palestine. Encore aujourd'hui, elle n'a rien perdu de son antique renommée; car, dans les beaux jours du printemps, elle se pare de fleurs aux couleurs vives et très variées; si bien qu'on croirait qu'un immense tapis la recouvre entièrement. La beauté de cette montagne émaillée de fleurs a servi de point de comparaison au roi Salomon pour décrire la beauté de la fille du Roi, et l'Église emprunte ces mêmes paroles pour exalter les perfections de Marie : *la beauté du Carmel lui a été donnée*, est-il dit dans l'office de Notre-Dame du Mont-Carmel.

Ce qui a immortalisé le mont Carmel, c'est le séjour du prophète Élie, 900 ans avant Jésus-Christ. La tradition a conservé la grotte où se retirait ce saint homme pour s'entretenir avec Dieu. L'église du couvent a été construite sur cette grotte qui forme comme une crypte au-dessus du chœur, où l'on monte par une double rampe d'escaliers. C'est de cet endroit que le prophète entrevit au-dessus de la mer cette petite nuée qui se mit à grossir rapidement, remplit bientôt tout l'espace et fit descendre sur la terre une pluie bienfaisante après une famine de trois ans et demi. C'est dans une grotte plus vaste, située à mille pas de celle d'Élie, que se trouvait l'*École des Prophètes*, c'est-à-dire le lieu où le prophète Élie réunissait ses disciples et les instruisait de la science sacrée; on dit que la sainte Famille s'y arrêta au retour de l'Égypte. Une source d'eau claire et douce appelée *fontaine d'Élie* coule non loin de là. Sur cette montagne du Carmel et au point culminant qu'on aperçoit de cinquante kilomètres à la ronde, on montre un petit monument appelé le *Sacrifice d'Élie*. C'est là en effet que se passa cette scène mémorable qu'il est bon de rappeler ici en quelques mots. Pour confondre les faux-prophètes de Baal, Élie obtint du roi d'Israël Achab que ces prophètes, au nombre de quatre cent cinquante, se réunissent au sommet du Carmel : « Qu'on amène ici deux bœufs, dit Élie, pour offrir un sacrifice au Seigneur. Les prophètes de Baal choisiront leur victime qu'ils immoleront suivant leur rite. J'immolerai l'autre victime sur un autel en l'honneur de Jéhovah. Ni eux ni moi ne mettront le feu à l'holocauste; mais ils invoqueront leur Dieu et moi j'invoquerai le mien. Celui qui enverra le feu du ciel pour dévorer la victime sera le vrai Dieu que nous adorerons. » — La multitude y accourut. Les sacrifices se préparèrent ; mais les prophètes de Baal ont beau prier, crier, se lamenter, Baal reste sourd. Alors Élie adresse une fervente prière au Seigneur ; à peine a-t-il fini de parler que le feu du ciel consume la victime et le bûcher. A la vue de ce prodige, le peuple tombe la face contre terre et s'écrie d'une seule voix : Jéhovah seul est le vrai Dieu ! Quant aux faux-prophètes, ils furent massacrés sur les bords de la rivière du Cizon qui coule au pied de la montagne. Ainsi le voulait la loi de Moïse.

Élie eut des disciples qui se perpétuèrent jusqu'au temps de Jésus, menant la vie la plus édifiante, et connus pour leur dévotion envers la Sainte Vierge, dont ils ne savaient pas le nom, mais qu'ils vénéraient sous le titre de *Vierge qui devait enfanter ;* et depuis ce temps, cette dévotion resta toujours en honneur sur cette montagne du Carmel, non seulement jusqu'à Jésus-Christ, mais encore après lui, dans les premiers siècles de l'ère chrétienne et jusqu'à nos jours.

Après un jour entier passé sur cette sainte montagne, des voitures, louées de côté et d'autre, furent préparées pour transporter la moitié des pèlerins jusqu'à Nazareth; l'autre moitié fit à cheval cette longue route de 35 kilomètres, parcours bien pénible, car cette route, nouvellement ouverte, venait d'être recouverte de cailloux pointus d'un bout à l'autre. Quel affreux supplice pour les pauvres voyageurs blottis dans ces voitures tout à fait primitives et sans ressorts, de vrais *tombereaux!* Cette douloureuse épreuve faisait bien ressouvenir à tous que nous participions à un *pèlerinage de pénitence*. Ce qui ne nous empêcha pas de réciter les trois chapelets du rosaire sans compter les autres prières.

Une halte à moitié chemin sous un bois de chênes touffus permit de goûter un peu de repos et de réconforter nos estomacs par un repas sur l'herbe. Puis, les chevaux reprirent leur course à travers une vaste plaine, la plaine d'Esdrelon, dont la fertilité est proverbiale, puisqu'on l'a nommée le *grenier de la Palestine.* Par malheur, elle reste aujourd'hui à peu près inculte ; les habitants de ces régions sont des Arabes, pour qui le travail est une honte et la paresse un devoir ; puis les exigences du fisc sont telles que les gens préfèrent ne pas cultiver la terre plutôt que d'avoir à payer des impôts très lourds. Ajoutez à cela les innombrables troupeaux des bédouins nomades qui traversent incessamment cette plaine et les autres plaines de Palestine, et broutent le peu d'herbe qu'elles produisent spontanément ; il semble vraiment que ces bédouins usent d'un droit que nul ne peut leur ravir.

Le pays est assez monotone ; on laisse bientôt la plaine pour suivre une route d'une pente fortement accentuée, bordée de chaque côté de collines passablement dégarnies. Cependant, à mesure qu'on avance, les visages s'épanouissent, on aperçoit par ci par là des hommes, des femmes, des enfants : ce qui prouve qu'on approche d'une ville; en effet, à un dernier détour, un paysage nouveau s'offre à nos regards : on voit des maisons blanches qui s'échelonnent sur le flanc de plusieurs collines reliées ensemble : c'est *Nazareth*, c'est la ville aimée où Jésus, le Fils de Dieu, passa trente ans de sa vie mortelle. On oublie à l'instant toutes les souffrances endurées dans la journée, pour caresser en son âme cette douce et suave pensée : *Je suis à Nazareth!* Quel bonheur!

Oh! oui, quel bonheur! et nous le goûterons, ce bonheur, dès le premier moment, car, sans prendre le temps de laisser nos petits bagages, nous nous rendons par le plus court chemin à la basilique de l'Incarnation qui renferme le lieu à jamais béni où *le Verbe s'est fait chair* pour habiter parmi nous. C'est là que, pour la première fois, fut prononcé et par l'ange Gabriel l'*Ave Maria*. Tous se prosternent en récitant à haute voix et à trois reprises la Salutation angélique. Mais l'assistance est trop nombreuse; chacun éprouve le besoin de revenir tout à l'heure en ce cher sanctuaire, pour y satisfaire sa dévotion et adorer en silence le mystère qui s'accomplit en ce lieu même.

Au sortir de l'église, une multitude d'enfants se pressent autour de nous et nous saluent gracieusement; puis chacun se rend dans le logement que lui a préparé le comité. Une vaste tente pouvant contenir 4 à 500 personnes est dressée dans un champ voisin; elle nous servira de réfectoire pendant cinq jours. C'est près de la basilique : il nous sera facile d'aller, et d'aller souvent prier sur l'emplacement de cette petite maison de Nazareth, que les anges transportèrent au XIIIe siècle à Lorette, où elle est encore vénérée. Cette maison était adossée à une grotte que les siècles ont épargnée et que les pèlerins aiment à visiter. Ce n'est pas le seul lieu vénérable de la ville; il est encore d'autres chapelles où la piété pouvait trouver son aliment. L'une d'elles marque l'endroit où saint Joseph avait son atelier, et où travaillait l'enfant Jésus. Une autre, la place de l'ancienne synagogue où Jésus se rendait les jours de sabbat, et où il s'attira la colère de ses compatriotes, en voulant leur donner doucement une leçon un peu sévère. Irrités de sa hardiesse, ils le chassèrent de la synagogue et le poursuivirent jusqu'au sommet de la montagne voisine pour le précipiter en bas; mais il s'échappa de leurs mains sans qu'ils osassent le toucher. Marie suivait de loin cette scène tragique; à cet endroit on a bâti un petit sanctuaire appelé *Notre-Dame de l'Effroi.*

Le lendemain de notre arrivée, au milieu du jour, tous les pèlerins se rendirent processionnellement à ces divers sanctuaires en chantant des cantiques entremêlés de dizaines de chapelet; ils suivaient les diverses rues de Nazareth dont la direction n'a pas dû sensiblement changer depuis Jésus. Nous foulions donc un terrain qu'il avait foulé lui-même et pendant trente années.

N'est-il pas vrai, chers lecteurs, que vous enviez tous l'heureux sort de ceux à qui il a été donné de parcourir réellement ces lieux sacrés, témoins de tant de choses admirables? Consolez-vous du moins, en vous y rendant souvent par la pensée, pour recueillir, à l'aide de ce récit familier, les impressions les plus salutaires. Consolez-vous surtout en vous persuadant bien que nous avons près de nous, au saint Tabernacle, le même Jésus qui vécut trente ans à Nazareth. Il est là pour nous tous, il y reste pour nous, toujours prêt à recevoir nos hommages et à écouter nos prières.

III

Une journée au Thabor.

Il m'est arrivé bien des fois, dans mes rêves, de me trouver à Nazareth, à Bethléem ou à Jérusalem; voilà certes des rêves qui laissent d'ineffables impressions. Mais pouvoir se dire à soi-même en toute vérité : *je suis à Nazareth et je vais y passer cinq jours!* voir de ses propres yeux les collines qu'a vues Jésus pendant trente ans, boire l'eau de la source à laquelle il a puisé et bu lui-même, passer par les chemins et les sentiers où il a porté ses pas; vous ne sauriez croire quelle est cette jouissance, et cette jouissance a été la mienne!...

Des cinq messes que j'ai eu le bonheur de célébrer à Nazareth, il en est une qui a été marquée par de bien douces émotions, celle que j'ai dite à l'autel de Saint-Gabriel, sur l'emplacement de la maison de Lorette, à l'endroit précis où le *Verbe s'est fait chair*. — Par un privilège spécial, tout prêtre a la faculté d'y célébrer chaque jour la messe de l'Annonciation, et par conséquent d'y lire dans l'Évangile l'entretien mémorable de l'ange Gabriel et de Marie. Ah! si les pierres de la grotte sainte pouvaient parler, comme elles s'empresseraient de répondre à mon appel et de confirmer le texte sacré que j'ai lu sur le Missel en cette messe de l'Annonciation! Mais je n'ai pas besoin de ce témoignage. Le doute est-il possible ici? Je puis donc laisser mon âme savourer à son aise chacune des paroles de ce divin colloque, et, au moment de l'Élévation, adorer ce Dieu Sauveur qui s'incarne dans mes mains de prêtre, comme il s'incarna en ce lieu dans le sein de Marie! Croyez-vous qu'on puisse célébrer les saints mystères en ce petit coin du ciel, sans verser des larmes d'attendrissement et de joie?

Heureuse journée que celle qui a été

marquée par cette heure délicieuse de la messe de l'Annonciation à l'endroit de l'Annonciation, et journée d'autant plus heureuse et inoubliable pour moi que le bonheur du matin s'est continué jusqu'au soir. N'était-ce pas, en effet, le jour de notre pèlerinage au mont Thabor, témoin de la Transfiguration de Notre-Seigneur?

Il faut compter trois heures de marche de Nazareth au sommet du Thabor ; ce n'est point une excursion trop pénible pour les pèlerins ; d'autant plus qu'ils avaient la facilité de prendre un cheval ou un âne pour se rendre moins sensibles les fatigues de la route. Mais quand on a lieu de se croire assez solide pour fournir cette marche à pied, ne vaut-il pas mieux user de ce mode de transport ? On est plus libre alors de laisser aller son esprit à de pieuses réflexions, de cueillir de petites fleurs pour les emporter en France et les conserver : tout autant de moyens de passer saintement ces bonnes heures : heures bien précieuses ! car, pour la plupart d'entre nous, elles ne se représenteront pas dans le cours de notre vie. Et quand on pense que Jésus a parcouru ces vallées et ces collines, que ses yeux ont contemplé ces mêmes paysages, qu'ici peut-être il s'est entretenu plus d'une fois avec Marie et Joseph, avec ses apôtres, comment voulez-vous qu'on ressente la moindre fatigue, quelque ardent que soit le soleil, quelque difficile que soit la route ? Ou bien, c'est le cas de dire avec l'auteur de l'*Imitation : S'il y a de la peine, cette peine même est aimée.* — Le chapelet est aussi la grande dévotion à conseiller dans cette excursion charmante : n'est-il pas la récitation répétée de l'*Ave Maria* qui se fit entendre pour la première fois si près de nous? Aussi puis-je affirmer qu'à part le temps passé au Thabor, le chapelet n'a pas quitté mes mains de toute la journée.

Je ne dirai rien des divers paysages qui se sont déroulés sous nos yeux pendant les deux heures que nous avons mises à atteindre le pied de la belle montagne, choisie par Jésus pour donner à ses trois apôtres privilégiés le spectacle de sa glorieuse Transfiguration. Cette description ne serait pas d'un grand intérêt pour vous, chers lecteurs ; d'autant plus que nous n'avons rien vu de bien remarquable. — Un misérable village composé de quelques huttes de terre se voit au pied de la montagne : c'est là que Jésus guérit un jeune homme possédé du démon, là qu'il fit entendre cette parole à retenir : *Le démon ne se chasse que par la prière et le jeûne.*

Alors, la caravane s'engage dans un étroit sentier, qui serpente sur le côté nord du Thabor : il est à demi caché dans les buissons et les arbustes. A mesure que nous nous élevons davantage, le panorama se développe de plus en plus ; la Galilée s'étend à nos pieds ; mais nous n'avons pas maintenant le temps de l'examiner attentivement à l'aide de la carte. Il nous faut monter lentement les uns à la suite des autres et sans nous arrêter, pour ne pas encourir les reproches de ceux qui nous talonnent et que le paysage paraît laisser plus ou moins indifférents. — Enfin, après une ascension d'une heure, nous atteignons le sommet : c'est un plateau de deux kilomètres d'étendue, couvert de pans de murailles, de débris et de ruines de tout genre, à peine visibles au milieu des buissons et des hautes herbes, et qu'il faudrait avoir le temps d'étudier à loisir à l'aide d'un plan. Notre attention est attirée sur deux bâtiments presque neufs : c'est, d'un côté, le couvent des Franciscains, gardiens de ces lieux, et, de l'autre, un couvent de Grecs schismatiques qui viennent de s'y installer. Sans nous arrêter, nous continuons notre route jusqu'à l'extrémité du plateau : c'était le lieu du rendez-vous. Là ont été découverts, il y a peu d'années, les restes de trois églises distinctes, la plus grande au milieu et les deux autres à droite et à gauche de celle-ci. L'explication est toute trouvée ; chacun pourrait dire, sans crainte de se tromper : c'est là que dut s'opérer le miracle de la Transfiguration ; car ces trois églises, construites sans doute par sainte Hélène, mère de l'empereur Constantin, sont une allusion évidente à la parole de saint Pierre : *Nous sommes bien ici, Seigneur; dressons-y trois tentes, une pour Vous, une pour Moïse et l'autre pour Élie.* C'est bien ce qu'ont pensé les religieux qui ont opéré ces fouilles. Aussi c'est là que va être célébrée, séance tenante, la messe du pèlerinage. L'autel est primitif : tels devaient être ces autels grossiers qu'élevaient les anciens patriarches en entassant quelques pierres les unes sur les autres, pour offrir à Dieu leurs sacrifices lorsqu'ils allaient en un pays inconnu. — C'est bien pauvre, mais c'est à cette place que se trouvait le maître-autel dans le sanctuaire de l'ancienne église : ce dut être aussi la position occupée par Jésus dans la circonstance, circonstance rappelée par notre Directeur, qui a l'heureuse idée de faire lire à haute voix l'évangile de la Transfiguration. Chaque pèlerin se case où il peut, tout autour de l'autel. On a mille peines à se garantir contre les ardeurs du soleil ; mais c'est un détail négligeable quand on est entièrement absorbé par la méditation de cette scène sublime, et surtout au moment de la Consécration, où le divin Maître daigne descendre du ciel, non plus dans l'éclat de sa Transfiguration, mais sous l'humble apparence de l'Hostie. On ne l'adore pas moins profondément, car c'est le même Sauveur, le même Dieu.

La messe est terminée. Qu'avons-nous à faire ? — A écouter un savant religieux expliquant chacun des détails du magnifique panorama que nous avons sous les yeux, aux quatre points cardinaux. Ces renseignements sont bien précieux, car nous avons par devant, par derrière, à droite et à gauche une bonne partie de la Terre-Sainte et le théâtre de cent événements rapportés par la Bible.

En première ligne, il faut nommer le

lac de Tibériade, ou lac de Galilée, dont on aperçoit la partie septentrionale, celle que sillonna tant de fois Jésus en compagnie de ses apôtres : par exemple, quand il se rendait à Capharnaüm ou bien dans la Décapole, où il opéra tant de miracles.

De Capharnaüm, il ne reste que des ruines perdues dans les broussailles ; c'était cependant une ville bien importante ; mais elle eut le malheur de mépriser l'enseignement de Jésus, qui l'avait pourtant traitée en enfant gâtée ; il l'appelait *sa ville* et y faisait sa résidence habituelle, pendant les trois ans de sa vie publique. — C'est dans ses murs qu'il accomplit une bonne partie de ses guérisons miraculeuses. Par son infidélité et l'abus qu'elle avait fait de la grâce, elle s'attira la malédiction du divin Sauveur : cruelle leçon dont nous devons profiter, nous surtout, chrétiens, en faveur de qui Jésus a épuisé tous les trésors de son amour.

C'est près de Capharnaüm que Jésus

promit aux Juifs de leur donner un jour le vrai pain du ciel, la sainte Eucharistie. Cette promesse avait été faite le lendemain du miracle de la multiplication des pains, dans une plaine que je puis entrevoir confusément du haut du Thabor.

Plus près de nous et non loin du lac, j'aperçois deux collines pointues; la tradition les a toujours appelées la *Montagne des Béatitudes*, où Notre-Seigneur prononça son célèbre *Sermon sur la Montagne* qui résume ses principaux enseignements.

Des montagnes bleuâtres bornent l'horizon du côté du Levant : ce sont les monts du *Hauran ;* elles indiquent la direction de la Mésopotamie, pays qu'habitait Abraham avant son arrivée dans le pays de Chanaan, et où Isaac et Jacob prirent leurs épouses Rébecca et Rachel.

Au pied du Thabor, s'étend de tous côtés la grande plaine d'Esdrelon, dont nous avons déjà parlé, et qui traverse la rivière du Cizon où furent massacrés par l'ordre d'Élie, comme nous l'avons vu, les faux-prophètes de Baal.

Le fleuve du Jourdain est marqué par une ligne verte formée par les arbustes qui croissent sur ses bords : il rappelle le souvenir de saint Jean-Baptiste et le baptême de Jésus.

Du côté du midi, on distingue plusieurs chaînes de montagnes, d'où émergent différents sommets parmi lesquels la fameuse montagne du *Garizim*, sur les flancs de laquelle étaient groupés les Hébreux quand, dans une circonstance solennelle et sur l'ordre de Josué, on prononça des bénédictions sur les fidèles observateurs de la loi, et des malédictions contre les prévaricateurs.

Deux points presque imperceptibles ne doivent pas être passés sous silence : c'est d'abord un petit village à la base d'une montagne assez élevée, village qui n'est autre que *Naïm*, où le Sauveur ressuscita le fils d'une pauvre veuve. Plus loin, ce sont les cavernes d'*Endor*, résidence de cette fameuse sorcière que le roi Saül avait consultée, contre l'ordre de Dieu, pour savoir quelle devait être l'issue de la bataille qu'il allait livrer aux Philistins sur la montagne de *Gelboé*, qui est voisine. Il fut bien puni de cet acte criminel, car les Philistins remportèrent la victoire, et lui-même périt avec son fils Jonathas. David, en apprenant cette fatale nouvelle, prononça ces terribles malédictions : *Monts de Gelboé, que ni la pluie ni la rosée ne viennent désaltérer vos terres brûlantes, car c'est là que sont tombés les vaillants d'Israël.* Cette parole prophétique s'est visiblement réalisée ; rien de plus aride en effet, rien de plus désolé que cette montagne tristement célèbre.

Voilà les principaux points observés du haut du Thabor ; était-ce trop de deux heures pour les considérer avec soin, et pour y lire en même temps les passages de l'Évangile qui les concernent ? Comme on s'attache avec amour à ce livre sacré, quand, tout en lisant ces pages, on peut dire : j'ai vu le lieu même où se passa cette scène, où s'opéra ce miracle, où se déroula cet événement! Et voilà le bonheur si appréciable goûté par ceux qui ont fait le pèlerinage de la Terre-Sainte.

Restait un exercice pieux auquel chacun se fait un devoir d'assister : je veux parler du Salut célébré à la chapelle du couvent du Thabor avant notre départ. Un de nos prêtres y rappela les circonstances de la Transfiguration et s'efforça de faire passer dans tous les cœurs les impressions qui devaient pénétrer l'âme des trois apôtres témoins de cette merveille. Notre désir serait de dresser ici notre tente, comme c'était leur désir. Mais non, il faut laisser cet endroit charmant pour combattre, chacun de son côté, le bon combat de la foi ; lutter, lutter encore, boire le calice de la souffrance et des épreuves, tant que le bon Dieu le jugera à propos. Notre vrai Thabor, c'est le ciel ; assurons-nous-en la possession en n'envisageant en toutes choses que la volonté de Dieu, à l'exemple des apôtres qui, après s'être prosternés, relèvent la tête et *ne voient plus que Jésus*.

...Et voilà comment s'est terminée cette journée ravissante, dont le souvenir restera à jamais gravé dans mon esprit et surtout dans mon cœur.

IV

La Galilée; Jaffa; Jérusalem.

Quoique fixés pour cinq jours à Nazareth, il ne faut pas croire que nous y soyons restés enfermés comme en une prison. Il y a en somme peu de choses à voir dans cette petite ville de 5,000 âmes dont le tiers seulement est catholique.

J'ai parlé de l'ascension du Thabor : elle a rempli toute une journée.

A noter encore les deux excursions de *Séphoris* et de *Cana*.

Séphoris, à une heure et demie de Nazareth, était le pays de saint Joachim et de sainte Anne, parents de la Sainte Vierge ; et comme saint Joachim est le patron de Léon XIII, notre cher Directeur proposa un pèlerinage à Séphoris en l'honneur de Notre Saint-Père le Pape. La proposition fut acceptée avec joie, et plusieurs voitures du pays, que j'ai dépeintes plus haut, nous y transportèrent assez rapidement. Le parcours est agréable : nous longeons de gracieuses collines aux sommets arrondis ; mais il faudrait mobiliser une armée de cantonniers pour combler ces ornières profondes de cinquante centimètres, et relever ces pierres, disons plutôt ces blocs de rochers qui nous barrent le passage à chaque instant : obstacle assez difficile à franchir pour nos véhicules. — Une prière est faite dans la chapelle qui marque la place de l'habitation du père et de la mère de la Sainte Vierge, et nous reprenons le chemin de Nazareth en priant et en chantant ce cantique connu de notre pieuse caravane :

O Nazareth, à bon droit l'on t'appelle
Ville des fleurs ;
Nos yeux ravis, en te voyant si belle,
Versent des pleurs.

Le lendemain, devaient revenir à Nazareth un certain nombre de nos pèlerins partis depuis deux jours pour Tibérade. Comme ils avaient à passer par Cana au retour, il fut décidé que nous irions à leur rencontre jusqu'en cette localité, distante comme Séphoris d'une lieue et demie de Nazareth. Tous étaient désireux de voir de près cette bourgade fameuse, où le divin Sauveur accomplit son premier miracle, le changement de l'eau en vin dans un repas de noces, et où il reçut un jour la visite d'un officier de Capharnaüm dont le fils était malade. Le pays est, à peu de chose près, le même que celui parcouru la veille ; mais, grâce à Dieu, la route est un peu meilleure.

Arrêt devant la fontaine de Cana, la seule source du village, celle par conséquent où dut être puisée l'eau du miracle. Ensuite, on se dirige vers l'église, en admirant l'heureuse position de Cana bâtie sur le flanc d'une charmante colline. L'église indique l'emplacement de la maison des noces. Les religieux franciscains nous en ouvrent les portes et, après le chant du *Magnificat* et la bénédiction du Saint-Sacrement, nous fêtons l'arrivée de nos intrépides de Tibériade, bronzés par un soleil ardent de 52 degrés, contents néanmoins de leur pénible mais intéressante excursion. Puis la caravane se remet en marche, et, comme la veille, bien des mains égrènent des chapelets sur cette route que Jésus dut suivre bien des fois avec Marie et Joseph et plus tard avec ses apôtres.

Le soir de cette journée fut marqué par l'illumination splendide du clocher de la basilique de l'Incarnation ; c'étaient les adieux des Pères Franciscains aux pèlerins français. On les remercie sincèrement pour leur accueil cordial et leur généreuse hospitalité ; et le lendemain matin, après la célébration des messes, nous regagnons nos anciennes voitures par un temps plutôt frais et un ciel sans soleil : ce qui fut pour nous une bonne fortune, plusieurs voitures étant absolument découvertes.

Le bateau nous reçoit à Caïffa avant la nuit, et, à l'aube du jour, nous dépose à Jaffa. Quoique torturé par le mal de mer, j'ai pu admirer cette ville aux maisons blanches éclairées par les premiers rayons du soleil, de ce soleil oriental qui dore et embellit tous les paysages.

Jaffa est l'ancienne Joppé où Noé construisit l'arche, suivant la Tradition, et où le roi de Tyr, Hiram, fit transporter par mer les cèdres du Liban destinés au Temple de Jérusalem. C'est là que saint Pierre eut la vision des animaux purs et impurs, figurant la conversion des Gentils qu'il fut le premier à faire entrer dans le bercail de l'Église. La maison qui fut témoin de cette vision est visitée avec intérêt par le pèlerinage, avant le dîner servi à l'hôpital français.

Un voyage pénible à tous les points de vue, c'est bien celui de Jaffa à Jérusalem. Il s'agit, en effet, de faire en voiture, et dans quelles voitures, grand Dieu! plus de soixante kilomètres à travers des routes impossibles. Pour diminuer la fatigue et gagner du temps, ce long trajet devait se faire pendant la nuit, du moins à partir de *Ramley* où nous arrivâmes à 6 heures du soir. Ramley est l'ancienne Arimathie, patrie du disciple Joseph dont il est question dans l'Évangile, à propos de l'ensevelissement du Sauveur. A partir de là, c'est pour nous la nuit profonde jusqu'à Jérusalem : aussi serais-je en peine de faire la description des pays parcourus. Le matin, vers 4 heures, halte au village de *Colonieh* que certains auteurs pensent être *Emmaüs*, célèbre par une apparition de Jésus à deux disciples, le jour de la Résurrection. — Puis, deux heures après, nous foulions le sol de la Ville sainte dans un état pitoyable : ce qui ne nous empêcha pas de nous rendre immédiatement au Saint-Sépulcre, pour y entendre la messe et revenir à l'hôtellerie des pèlerins, c'est-à-dire à *Notre-Dame de France*. Il était temps de prendre quelques heures d'un repos bien mérité par deux jours de fatigues et deux nuits sans sommeil.

Nous voici donc au but de notre pèlerinage à Jérusalem, et nous y restâmes dix-huit jours. Ce n'est pas trop pour y étudier et y savourer dans le silence et le recueillement les grands souvenirs que cette ville rappelle à l'esprit et au cœur du chrétien et du prêtre.

C'est la ville la plus élevée de Terre-Sainte, et l'on comprend pourquoi dans le psaume *Lætatus sum*, le prophète dit que de partout les tribus montaient en cette ville pour adorer le Seigneur dans son Temple. Elle est bâtie sur un plateau fortement ondulé, et entouré de tous les côtés, sauf du côté nord, de collines étroites et profondes.

Jérusalem forme un carré aux côtés à peu près égaux ; elle est ceinte de hautes murailles, vieilles déjà de quatre siècles, dont les pierres avaient déjà servi à d'autres murs plus anciens. Plusieurs portes donnent accès dans la ville. L'une d'elles mérite d'être signalée. C'est l'antique *Porte Dorée*, murée depuis longtemps par les Musulmans ; porte fort remarquable, parce qu'elle est un des témoins les plus authentiques du passage de Notre-Seigneur Jésus-Christ. C'est par cette porte qu'il passa le jour de son entrée triomphale, avant sa passion. Cette porte serait l'œuvre d'Hérode : elle est ornée de magnifiques sculptures à l'extérieur et surtout à l'intérieur.

La porte Dorée conduisait directement au Temple, dont il ne subsiste absolument rien aujourd'hui, si ce n'est cette vaste esplanade de 500 mètres sur 350 environ. C'est avec une émotion profonde que nous avons foulé ce sol que je puis qualifier du nom de *sacré*, car c'est là ce mont *Moriah* que Dieu avait désigné à Abraham pour le sacrifice d'Isaac. C'est le lieu choisi par Salomon pour édifier le Temple. Pour l'approprier à cette destination, il dut faire exécuter des travaux considérables afin de niveler le sol. De ces travaux il reste actuellement un pan de mur de 20 ou 30 mètres, le long duquel les Juifs de Jérusalem viennent tous les vendredis, veille du sabbat, au déclin du jour, demander au Seigneur qu'il veuille bien rétablir l'ancien Temple. A la place même occupée par le Temple de Salomon se trouve la mosquée d'Osmar, l'un des successeurs de Mahomet. L'intérieur est très riche en sculptures ; mais ce qui fait le principal ornement de cette mosquée, c'est une roche brute : la roche sur laquelle Isaac devait être immolé, le lieu même où reposa l'arche d'alliance. — Tout à côté s'élève la mosquée *El-Aksa*, autrefois église de la Présentation, située en la partie de l'ancien Temple réservée aux femmes : c'est donc là que se rendit Marie quand elle se consacra au Seigneur à l'âge de trois ans ; là qu'elle vint présenter l'enfant Jésus et se soumettre à la loi de la Purification.

Les pèlerins sont logés à *Notre-Dame de France*, splendide monument commencé en 1885 et achevé depuis quelques mois seulement. Il peut contenir 500 pèlerins, et très commodément. C'est grâce aux Pères de l'Assomption, fondateurs de cet hospice et organisateurs des pélerinages populaires de Terre-Sainte, que, depuis plus de vingt ans, Jérusalem a vu arriver dans ses murs un essaim de religieux et de religieuses, qui n'ont point eu de peine à acquérir ici le droit de cité. Ils ne représentent pas sans doute la richesse, mais la bonté, le dévouement, la science et surtout la vraie foi. Que de malades guéris, que d'orphelins abrités, que d'infirmes soulagés et soignés avec le désintéressement le plus complet ! Que d'enfants instruits et chrétiennement élevés par ces religieuses de Notre-Dame de Sion, de Saint-Vincent de Paul, du Rosaire et de Saint-Joseph de Marseille, de Marie-Réparatrice ; par les prêtres de Notre-Dame de Sion, fondateurs d'une magnifique école d'arts et métiers ; par les Frères des Écoles chrétiennes dont le supérieur est le vénéré Fr. Évagre, si connu, si aimé et si estimé de tous les pèlerins ! Les Pères Blancs d'Afrique se sont installés à côté de l'église de Sainte-Anne, dont la garde leur a été confiée depuis que ce sanctuaire a été cédé à la France par le sultan après la guerre de Crimée. Don précieux, car cette église si ancienne recouvre le lieu de la naissance de Marie. Tout à côté sont les restes de la *piscine probatique*, témoin de la guérison d'un paralytique par Notre-Seigneur. Les Pères Dominicains, venus les derniers, occupent un vaste terrain situé en dehors des murs. Chose étonnante et vraiment providentielle ! en creusant les fondations de leur maison, ils ont retrouvé ce qui reste d'une ancienne église bâtie par l'impératrice Eudoxie, sur le lieu même du martyre de saint Étienne. La congrégation des Sœurs Clarisses a aussi une maison sur le mont Sion. Ces religieuses fécondent par leurs prières continuelles l'œuvre des autres maisons religieuses de Jérusalem.

Mais j'aurais dû nommer en première ligne les Pères Franciscains, gardiens officiels du Saint-Sépulcre et de la plupart des lieux vénérables de Jérusalem, notamment du jardin et de la grotte de l'Agonie et de la Flagellation.

Les Arméniens et les Grecs catholiques, bien que peu nombreux, mais fervents comme leurs ancêtres, travaillent de concert avec les autres religieux pour continuer l'œuvre de Jésus-Christ et contrebalancer, autant qu'ils le peuvent, l'influence des schismatiques encouragés par la Russie, qui à Jérusalem est loin d'être l'alliée de la France. Cette vaste puissance n'épargne rien pour acquérir là-bas la prépondérance; et Dieu veuille que le jour où elle y parviendra soit encore éloigné; car il est probable que le peu de liberté laissé aux catholiques dans la Ville sainte serait bien vite confisqué à son profit.

Toutes ces maisons religieuses croissent et se développent sous les auspices du patriarche, Mgr Piavi, qui met ses soins à les encourager de toutes manières. Car il n'ignore pas que ces religieux sont les pionniers les plus intrépides au service de la cause catholique, qu'ils défendent au prix de mille peines, et parfois au prix de leur sang. Disons avec orgueil et fierté que, depuis les Croisades, la France n'a cessé de les soutenir de son argent et de ses armes. Et c'est à la France qu'a été confié par les Souverains Pontifes et confirmé dernièrement par Léon XIII le protectorat des saints Lieux ; reconnaissons qu'elle s'est toujours acquittée de cette honorable mission avec un dévouement digne de tout éloge. Là-bas et dans tout l'Orient, Français est synonyme de Catholique. Voilà pourquoi le gouvernement français traite si bien nos religieux... hors de France. Et pourtant, ce sont bien les mêmes religieux qu'une loi scélérate condamne chez nous à l'exil. N'est-ce pas le cas de dire avec le Prophète : *Jusques à quand, Seigneur, supporterez-vous ces iniquités ?*

Arrêtons-nous à ces considérations générales sur la ville de Jérusalem et les œuvres catholiques qui progressent tous les jours et font tant de bien. Les Juifs, qui comprennent dans la ville la moitié de la population et la plus riche, sont profondément méprisés et haïs :

l'antique malédiction pèse sur eux d'une manière bien visible. Quand arrivera le jour si désiré où ce peuple maudit arrachera le bandeau qui couvre ses yeux et se convertira au Seigneur? — Les Musulmans sont les maîtres à Jérusalem. Pareils aux soldats de Pilate placés auprès du tombeau de Jésus, ils font la garde autour de ce même tombeau. N'en soyons pas trop fâchés, car s'ils venaient à abandonner ce poste qu'ils occupent depuis le départ des Croisés, les catholiques seraient certainement exposés aux plus graves dangers. Ce serait fait, on peut le dire, de la religion catholique dans ce pays qui en fut cependant le glorieux berceau. — Demandons au Seigneur qu'il rende cette ville et la Terre-Sainte à ses légitimes propriétaires, et que de nouveaux jours de paix et de bonheur luisent sur cette terre sacrée, le plus précieux et le plus riche de nos reliquaires, puisqu'elle a été abreuvée du sang de notre Dieu.

V

Le drame de la Passion à Jérusalem.

Le premier acte du pèlerin à son arrivée à Jérusalem, c'est la visite du Saint-Sépulcre, l'endroit le plus auguste de la terre, le lieu saint où reposa le Corps de notre Sauveur. C'est de là qu'il s'est levé, au jour de sa résurrection, vainqueur de l'enfer et de la mort, pour monter, quarante jours après, au plus haut des cieux, et y conduire tous ceux qui, jusqu'à la fin des siècles, se seront attachés à lui ici-bas par la foi et l'amour. — A peine arrivés dans la Ville sainte, je l'ai déjà dit, nous nous sommes dirigés vers ce lieu sacré, le principal objet de notre pèlerinage. La Sainte Vierge, rapporte sainte Brigitte, aimait à parcourir tous les lieux où son divin Fils avait souffert. Après elle, les premiers chrétiens conservèrent pieusement le souvenir du Calvaire et du Saint-Sépulcre. Mais ce n'est qu'après trois siècles de persécutions sanglantes qu'ils purent satisfaire pleinement leur dévotion. Sainte Hélène, mère de l'empereur Constantin, fit construire une immense basilique à cinq nefs, renfermant le Calvaire, le Saint-Sépulcre et la citerne où l'on venait de découvrir la *vraie Croix*. L'édifice était splendide. Ce monument grandiose fut renversé par le roi des Perses, Chosroès, au VIIe siècle. La basilique actuelle, sauf quelques réparations plus ou moins considérables, date des Croisés.

Je pourrais en faire ici la description complète ; mais n'est-il pas préférable, pour rendre mon récit plus intéressant, de parcourir préalablement, en compagnie de Notre-Seigneur, la *Voie douloureuse*, en nous arrêtant aux souvenirs que les siècles nous ont laissés de ce chemin de souffrance, qui fut pour lui et devint pour nous le chemin du triomphe et de la gloire?

C'est au *Cénacle*, on peut le dire, que commença la passion de Jésus ; car c'est pendant la dernière cène que sont sorties de la bouche adorable du Sauveur ces tristes paroles : *En vérité, en vérité, je vous déclare que l'un d'entre vous doit me trahir.*

Épargné pendant le siège de Jérusalem, en l'an 70, et pendant les persécutions, le Cénacle tombait en ruines lorsque sainte Hélène entreprit de le rebâtir, mais dans le même plan et avec les mêmes dimensions. Détruit au départ des Croisés, au XIIe siècle, il se releva de nouveau de ses ruines et resta en la possession des catholiques jusqu'au XVIe siècle, où les Musulmans s'en emparèrent et en chassèrent les chrétiens.

C'est là que le divin Maître institua la sainte Eucharistie ; c'est de là qu'il partit avec ses apôtres pour se rendre, selon son habitude, au jardin des Oliviers. Alors, il épancha son cœur dans le cœur de ceux qu'il se plaisait à appeler ses amis. Les paroles suaves qu'il leur adressa à ce moment nous ont été conservées par l'évangéliste saint Jean; je les ai relues avec amour le long de cette route suivie par le Sauveur, ainsi que la prière admirable adressée par lui à son Père, pour lui recommander ses apôtres et tous ceux qui croiront en lui jusqu'à la fin des siècles. — Après avoir traversé le torrent de Cédron, j'arrive au jardin. Huit oliviers très anciens, rejetons de ceux qui existaient au temps de Jésus, ombragent ce parterre émaillé de fleurs de toutes sortes, lequel fut témoin de ses souffrances. C'est un bonheur à nul autre pareil que de prier en ce lieu trois fois saint, d'y faire le chemin de la croix et de baiser ces arbres séculaires.

A la distance d'un jet de pierre, comme dit l'Évangile, se trouve la grotte de l'Agonie, demeurée intacte depuis Jésus. On croit entendre ces paroles du divin Sauveur : *Mon Père, s'il est possible, que ce calice s'éloigne de moi; néanmoins, que votre volonté se fasse et non la mienne.* On croit voir la sueur de sang perler sur son front divin, quand il se voit chargé des péchés de tous les hommes. C'est le baptême dont il désirait si ardemment être baptisé, et qu'il eût reçu avec amour et délices, si toutes les âmes rachetées par lui en eussent profité; mais, hélas!... De là, Jésus se rend auprès de ses apôtres qui dormaient non loin de lui et leur dit : *Veillez et priez, pour ne pas succomber à la tentation.*

Mais l'heure des ténèbres a sonné. Judas arrive avec sa troupe scélérate; il leur désigne Jésus, qu'il ose trahir par un baiser hypocrite. Et ces misérables se précipitent, comme autant de bêtes féroces, sur cet innocent Agneau qui se laisse saisir et garrotter comme un criminel. On le conduit à Jérusalem, pendant que les apôtres, remplis de crainte et d'épouvante, s'enfuient lâchement.

Jésus est amené devant le grand prêtre Anne, dont le palais était situé non loin du Cénacle; on en a conservé l'emplacement. C'est là qu'il reçut d'un valet du pontife un ignoble soufflet. — De là, on le conduit à une distance de 200 mètres devant le grand prêtre Caïphe, où se rendent les témoins qui doivent déposer contre Jésus. Voici tout proche la cour où se chauffait saint Pierre pendant le reniement. Le Sauveur, en sortant du palais, l'aperçoit et jette sur lui un regard de tendresse et de pitié qui pénètre jusqu'au fond du cœur du malheureux apôtre ; Pierre s'éloigne et va dans une grotte voisine qu'on nous a montrée, pour pleurer amèrement sa faute.

Pour se rendre de là au prétoire de Pilate où va se poursuivre le procès de Jésus, il faut traverser toute la ville. De ce palais, il ne reste rien actuellement, sinon le rocher à pic sur lequel il était bâti. Un escalier de 28 marches y conduisait ; cet escalier n'est plus à Jérusalem : on l'a transporté à Rome où les chrétiens peuvent le voir et le vénérer.

Mais un souvenir très précieux pour nous, c'est ce pavé *(lithostrotos)* découvert il y a peu d'années, et que Jésus a certainement foulé dans sa douloureuse passion. C'est sur ces dalles si bien conservées que Pilate prononça l'arrêt de condamnation de Jésus ; c'est là que le divin Sauveur reçut sur ses épaules sacrées l'instrument de son supplice ; là qu'il commença ce chemin de la Croix où nous allons le suivre pas à pas, après avoir visité la chapelle de la *Flagellation* et celle de l'*Ecce Homo*, qui rappellent deux ineffables souvenirs. J'ai eu le bonheur de toucher et de baiser la colonne où fut attaché le Sauveur pendant ce supplice atroce de la flagellation : elle se trouve dans la basilique du Saint-Sépulcre.

Quel honneur pour des pèlerins de pouvoir faire le chemin de la Croix à la suite du Sauveur ! On se reporte naturellement à dix-neuf siècles en arrière ; on se représente cette foule hideuse qui l'abreuve d'injures et de moqueries, qui l'outrage de toutes manières, qui le pousse à droite et à gauche avec violence. Oh ! comme elle est profondément vraie cette parole du Prophète : *Il sera rassasié d'opprobres et deviendra le jouet d'une vile populace ; mais il n'ouvrira pas plus la bouche qu'un agneau qu'on conduit à la boucherie!* Nul doute que la première chute de Jésus n'ait été produite par ces indignes traitements.

A cet endroit, le chemin devient montant et pénible ; les bourreaux craignent, non sans raison, que le Sauveur, affaibli par tant de souffrances, ne meure avant d'arriver au Calvaire ; aussi obligent-ils un païen nommé Simon, qui passait par là, à porter la Croix derrière Jésus. Ce n'est pas sans murmures et sans plaintes qu'il se soumet à ce commandement ; mais voilà que peu à peu cette croix, sanctifiée par les mains et les épaules du divin Maître, transforme son âme, change ses sentiments et amène sa conversion.

Un peu plus loin, une femme éplorée arrive, par une voie détournée, pour voir Jésus ; cette femme, c'est sa mère, c'est Marie ! Quelle rencontre douloureuse pour l'un comme pour l'autre ! Mais cette douleur de Marie ne va pas jusqu'au désespoir ; Jésus lui laisse sans doute en passant une parole de consolation, qui la tranquillise et la réconforte ; car tout à l'heure, cette femme, cette mère bien-aimée, on la verra debout au pied de la Croix qu'elle tient embrassée, consentant au sacrifice de son Fils qui devient aussi son sacrifice. — Puis, c'est la courageuse Véronique qui essuie le visage sanglant de Jésus, et qui a le bonheur de voir la face adorable du Sauveur s'imprimer sur son voile.

Le cortège arrive ainsi à la porte de la ville. Les Franciscains y ont enfermé dans un petit édicule une colonne de pierre, l'un des témoins authentiques de la passion ; c'est la *colonne judiciaire*, où était affichée la sentence des criminels, et par conséquent celle de Jésus *mis au nombre des scélérats*, dit le Prophète. Qui sait si ce ne fut pas là la cause de la seconde chute de Jésus ? Il nous est bien permis de croire qu'en lisant cette sentence inique, Jésus, qui se souvenait des bienfaits sans nombre dont il avait comblé son ingrate patrie, éprouva une telle douleur en son âme sensible, que, ses forces le trahissant, il se laissa aller la face contre terre. « Ames endurcies, lui fait dire l'Église dans les prières de l'office du Vendredi-Saint, c'est moi qui vous ai placées sur cette terre, qui vous ai entourées de soins, comme on plante et cultive une vigne chérie, et vous ne m'avez produit que de l'amertume ; vous avez préparé une croix à Celui qui est venu pour vous sauver ! Que vous ai-je fait cependant, et en quoi vous ai-je contristées, etc... ? » Il serait bon et salutaire de lire et de méditer en ce lieu ces paroles si poignantes, où le Sauveur rappelle toutes les grâces accordées à son ancien peuple, figure des grâces plus nombreuses encore et plus signalées dont il nous a favorisés nous-mêmes et dont il nous favorise tous les jours. Hélas ! sommes-nous plus excusables que les Juifs ?

Poursuivons notre chemin de la Croix. Au-delà de la *porte judiciaire* et des remparts, un groupe de femmes de Jérusalem se tenaient sur le passage de Jésus, pleurant et se lamentant en le voyant dans un si pitoyable état : *Ne pleurez pas sur moi*, leur dit Jésus, *mais pleurez sur vous et sur vos enfants ; car si l'on traite ainsi le bois vert, que fera-t-on un jour du bois sec ?*

On approche du sommet du Calvaire ; le divin Sauveur peut entendre le bruit de la pioche qui creuse le trou où va être plantée la Croix. Ce bruit fait un écho douloureux dans son âme ; les forces l'abandonnent, il chancelle et tombe une troisième fois. Mais cette nouvelle chute ne change pas le cœur de ces forcenés ; ils sont pressés d'en finir avec la divine Victime. On lui arrache violemment ses habits, on le couche sur la croix, on perce ses mains et ses pieds à l'aide de gros clous. Le voici élevé entre le ciel et la terre ! Recueillons les dernières paroles qu'il va prononcer, de ses lèvres mourantes, et surtout celles-ci : *Pardonnez leur, ô mon Père, car ils ne savent ce qu'ils font.*

Jésus meurt, et voilà que la terre tremble ; les rochers se fendent ; et cette large fente est encore bien visible aujourd'hui ; les pèlerins peuvent l'examiner de près et constater qu'elle n'est pas naturelle, mais n'a pu être produite que par un tremblement de terre.

Au soir de cette journée, le corps de Jésus fut déposé de la croix et placé dans le tombeau d'un riche personnage de Jérusalem, Joseph d'Arimathie. Ce tombeau se compose de deux parties bien distinctes : un vestibule et le tombeau proprement dit. Chacun voudrait voir la pierre nue du sépulcre ; mais elle est complètement cachée sous un épais revêtement de marbre. A la dernière reconnaissance qui en fut faite, en 1555, on put s'assurer facilement que c'était bien le sépulcre tel qu'il était à la mort de Jésus ; il renfermait alors un morceau considérable de la vraie croix, déposé au IVe siècle par sainte Hélène.

Heureux les prêtres privilégiés qui

peuvent, comme il m'a été donné à moi-même, célébrer une fois le saint sacrifice sur le tombeau du Sauveur ! La messe est toujours celle de la Résurrection ; car c'est bien du fond de ce tombeau que le troisième jour après sa mort, avant le lever du soleil, Jésus sortit plein de vie, après avoir écarté l'énorme pierre qui fermait l'entrée, pierre que les pèlerins peuvent encore toucher et vénérer en ce lieu.

Avant de terminer ce chapitre, parcourons certaines parties de la basilique du Saint-Sépulcre : — la chapelle de l'apparition de Notre-Seigneur à Marie, sa mère ; — la chapelle de Sainte-Madeleine où Jésus ressuscité se montra à la pécheresse pénitente ; — la chapelle de la *Division des vêtements*, qui renferme le fût de colonne sur lequel s'assit Jésus pendant le couronnement d'épines ; — la chapelle de Sainte-Hélène bâtie en l'honneur de cette fondatrice de la basilique ; — puis la chapelle de l'*Invention de la sainte Croix*, au lieu même où elle fut découverte par cette grande sainte.

La chapelle du Calvaire, élevée de quelques mètres au-dessus du sol, renferme trois autels, dont deux appartiennent aux catholiques ; quant au troisième, le plus important, puisqu'il abrite le trou où fut plantée la Croix, il est en la possession des Grecs schismatiques qui s'en sont emparés.

On aimerait à passer des heures entières dans ce lieu à jamais vénérable, s'il n'était continuellement profané par ces schismatiques, au grand scandale des catholiques qui ne peuvent que gémir de cette humiliation infligée à leur foi. Dieu veuille hâter le jour où nous rentrerons en pleine possession de cette insigne relique !

Vous aimez Notre-Seigneur Jésus-Christ, chers lecteurs, et, comme les *Sœurs de la Croix de Jésus*, dans leur pieux exercice du Chemin de la Croix, vous dites sans doute : *Que je serais heureux, ô mon Sauveur, si je pouvais visiter les lieux vénérables où s'est opérée notre Rédemption et que vous avez sanctifiés par vos souffrances et arrosés de votre sang!* — Et vous ne vous trompez pas ; car, après le bonheur du ciel, je n'en vois pas d'égal à celui de suivre le Sauveur, non seulement en esprit, mais en vérité, partout où il a passé en faisant le bien, depuis l'étable de Bethléem et l'atelier de Nazareth, jusque sur la route sanglante du Calvaire. Puissé-je et puissiez-vous ainsi que moi, après l'avoir suivi ici-bas par l'imitation de ses vertus, le suivre encore jusqu'au plus haut des cieux !

VI

Jérusalem, Bethléem, etc...

Dans mon récit, j'ai cru devoir consacrer une place plus considérable à la visite de ce que Jérusalem offre de plus précieux au cœur du chrétien et du prêtre, à la *Voie douloureuse*, théâtre des dernières souffrances et de la mort du Sauveur ; mais il reste encore dans la ville sainte d'autres souvenirs que je ne voudrais pas laisser de côté. Étant obligé de me borner, je m'attacherai ici à ce qu'il y a d'essentiel ; puis nous parcourrons ensemble certaines localités voisines, qui rappellent des scènes mémorables de l'Ancien ou du Nouveau Testament.

Le mont des Oliviers ! J'avoue que, pendant mon séjour de près de trois semaines à Jérusalem, je suis venu bien des fois sur son sommet béni ou dans les divers sanctuaires qu'il offre à la vénération des chrétiens. N'est-ce pas là que le divin Maître aimait à porter ses pas lorsqu'il se rendait à Béthanie ou qu'il allait chercher avec ses apôtres un peu de délassement après des journées souvent très fatigantes ? *C'était son habitude*, dit l'Évangile.

Ce premier sanctuaire qui se présente à nous au pied de la montagne, c'est le *jardin des Oliviers* et la *grotte de l'Agonie* qui ne fait qu'un avec ce jardin. Je m'abstiendrai d'en parler ici, puisque nous avons déjà fait connaissance avec ce petit paradis terrestre. A côté de la grotte de l'Agonie, une église souterraine, dont la façade ne manque pas de cachet, malgré son antiquité, est l'un des rares sanctuaires qu'ait épargnés la barbarie musulmane : j'ai nommé l'église de l'*Assomption de Marie.* Une soixantaine de marches nous conduisent dans la nef qui serait toujours dans l'obscurité la plus profonde si quelques lampes ne brûlaient constamment sur l'édicule qui en fait l'objet principal : *le tombeau de la Sainte Vierge!* Encore un sanctuaire où l'on est mal à l'aise ; car, je rougis de le dire, tous les cultes qui se partagent Jérusalem ont ici-bas leur place marquée, tous, excepté le culte catholique. Oui, les Musulmans eux-mêmes ont un lieu de prières dans ce saint temple, et les vrais fils de Marie, *les enfants de la maison*, comme parle la sainte Écriture, sont exclus, impitoyablement exclus depuis plus d'un siècle. On leur permet seulement d'y prier en dehors des offices. Quand donc cessera ce scandale ? Et pour quelle raison cachée Dieu peut-il bien le supporter aussi longtemps ?... Ne cherchons point à pénétrer ce mystère.

Suivons pendant quelques minutes le sentier rocailleux qui serpente à travers la montagne, et arrêtons-nous au pied d'une mosquée délabrée ; on nomme cet endroit : *Dominus flevit.* C'est ici que s'arrêta Jésus à son retour de Béthanie, lorsqu'en un jour d'enthousiasme les habitants de Jérusalem lui proposaient une entrée triomphale, *Jésus pleura*, car il savait bien que, cinq jours après, cette ville ingrate allait commettre le plus horrible des forfaits en mettant à mort son Sauveur et son Dieu. Le panorama complet de Jérusalem se déroule devant les yeux, et certes, cette ville éclairée par l'ardent soleil d'Orient est vraiment belle, quand on la contemple de cet endroit. C'était là mon oasis préférée; j'aimais à y réciter mon bréviaire et à y lire les chapitres de l'évangile de saint Jean qui relatent les discours de Jésus dans le Temple; et, tout en lisant ces pages remarquables, je jetais de temps à autre un coup d'œil sur l'esplanade du temple de Salomon où furent prononcés ces discours.

Encore quelques pas en avant, et nous sommes au sommet. A droite, un édifice vaste et élégant attire notre attention : c'est l'église et le couvent du *Pater*, habité par des Carmélites françaises et bâti à l'endroit où, suivant la tradition, le divin Sauveur aurait enseigné le *Pater*.

à ses apôtres. — Dans la cour, une grotte rappelle le lieu de composition du *Symbole des Apôtres* avant leur dispersion. A gauche, et au point culminant de la montagne, une petite mosquée renferme sous son humble dôme un coin de rocher complètement nu qui porte l'empreinte très reconnaissable du pied de Notre-Seigneur ; c'est le dernier souvenir qu'il nous a laissé avant de monter au ciel. Il paraît qu'on ne peut douter de cette tradition qui remonte aux premiers siècles et s'est perpétuée jusqu'à nos jours.

Quelques instants d'arrêt pour admirer le paysage qui se développe devant nous de tous côtés. Au-delà du mont des Oliviers, c'est au dernier plan la *mer Morte* encadrée par les monts de Moab au milieu desquels il faut signaler le *Nébo*, d'où Moïse contempla la Terre promise avant de mourir. Au premier plan c'est une série de montagnes ou de collines parallèles, toutes très arides, qui forment ce qu'on appelle le *Désert de Juda*.

Au lieu de revenir sur nos pas, continuons notre marche de l'autre côté de la montagne des Oliviers; nous rencontrerons bientôt sur la route une petite maison de modeste apparence : c'est la place de *Bethphagé* où Jésus-Christ s'arrêta pour prendre l'humble monture qui devait le conduire à Jérusalem pour le triomphe du jour des *Rameaux*. La pierre qui lui servit à monter sur l'ânesse est conservée dans ce petit édifice construit par les Pères Franciscains.

Encore quelques minutes et nous serons à *Béthanie*, gracieux village à demi caché dans un pli de terrain et dominé par un pan de mur, débris d'un ancien couvent construit au moyen âge. Béthanie, on le sait, a été immortalisée par les visites fréquentes que fit Jésus à Lazare et à ses deux sœurs Marthe et Marie. On nous a montré les ruines de cette maison bénie où le divin Sauveur fit entendre souvent de si suaves paroles, à en juger par l'entretien que nous a rappelé l'Évangile.

Mais le plus beau et le plus authentique monument que renferme cette petite localité, c'est le tombeau de Lazare. L'entrée en est très basse ; il faut, pour y pénétrer, se courber profondément ; et, après avoir descendu quelques marches taillées grossièrement dans le rocher, on se trouve dans un petit vestibule. C'est là que se tenait Jésus lorsqu'il commanda à Lazare de sortir du tombeau.

J'ai hâte de parler de *Bethléem*. Cette petite ville, la seule ville vraiment catholique de Palestine, a bien droit à une mention spéciale : *Tu n'es pas la moindre des villes de Juda*, avait dit le Prophète, *car c'est de toi que naîtra Celui qui doit conduire mon peuple Israël.* Oui, cette ville eut la gloire d'être choisie pour lieu de naissance de Jésus, le Sauveur promis aux hommes. Je n'oublierai jamais ce beau jour de notre pèlerinage de Bethléem. Beaucoup de pèlerins s'y rendirent de Jérusalem en voiture ou à âne ; mais comme la distance n'est que d'une heure et demie à peine, j'ai préféré ainsi que plusieurs autres faire la course à pied sur une des plus belles routes de la Terre Sainte.

Le pays qu'on parcourt est assez riant; c'est une vaste plaine où David défit plus d'une fois les Philistins, ces implacables ennemis du peuple de Dieu; mais, en fait de souvenirs bibliques, j'aime mieux me rappeler Marie et Joseph passant un soir de décembre par les mêmes chemins et se demandant avec anxiété comment on les accueillera à Bethléem où ils se dirigent pour obéir à l'édit de l'empereur Auguste, ordonnant le dénombrement de tous les sujets de l'empire. Pour nous, nous n'avons pas les inquiétudes des saints voyageurs; nous savons bien que les gens de Bethléem nous accueilleront avec l'amabilité la plus exquise, parce qu'ils saluent en nous des frères et des amis. — J'ai souvenir en passant au tombeau de Rachel, l'épouse aimée de Jacob, qui mourut dans ce pays en donnant le jour à son second enfant, Benjamin.

Nous traversons la ville de Bethléem en procession et au chant de ce délicieux cantique :

Les Anges dans nos campagnes
Ont entonné l'hymne des cieux, etc...

La procession s'arrête devant la basilique de la Nativité élevée encore par sainte Hélène et conservée à peu près intacte jusqu'à nos jours. Elle recouvre la sainte grotte qui va recevoir notre visite, après une messe solennelle célébrée à l'église de Sainte-Catherine dont sont chargés les Pères Franciscains, gardiens des saints Lieux. Cette grotte a été malheureusement transformée : on aimerait la voir telle que la trouvèrent Marie et Joseph dans la nuit mémorable de la première fête de Noël. Mais, sous prétexte d'embellissement, on a tout gâté. Il faut recourir à l'imagination pour méditer sur la scène que rappelle cette chère petite grotte. Une étoile d'argent placée sous l'autel principal marque l'endroit *où de la Vierge Marie est né*

Jésus, comme l'indique l'inscription qui surmonte cette étoile. Prosternons-nous et adorons en silence. Chacun de nous peut dire : *C'est bien ici que Jésus m'a donné la plus grande preuve de son amour !*

Ne quittons pas cette petite ville de Bethléem où Jésus vit le jour, sans descendre au champ où les bergers furent avertis par un ange de la naissance du Sauveur : il est situé au milieu d'une vaste campagne qui appartenait jadis au riche Booz, un des ancêtres du Messie ; c'est là même que venait glaner Ruth la Moabite.

Retournons maintenant au tombeau de Rachel pour y prendre la route qui conduit directement à *Hébron*, la ville des anciens patriarches. Les voitures peuvent y circuler assez commodément. — Nous nous engageons dans une vallée interminable, vallée étroite, bordée de chaque côté de collines toujours arides et monotones ; si le paysage n'offre par lui-même aucun attrait, il nous est doux du moins de nous représenter les patriarches Abraham, Isaac, Jacob et Joseph qui conduisirent tant de fois leurs nombreux troupeaux dans ces pâturages aujourd'hui assez maigres, mais alors bien plus gras et bien plus riches, parce que la culture des champs était alors plus en honneur.

Petite halte aux *Vasques de Salomon*, immenses réservoirs construits par ordre de ce prince, pour amener à Jérusalem l'eau de la *fontaine scellée* que l'on voit encore, et pour arroser ce *jardin fermé* si remarquable autrefois et aujourd'hui par son incroyable fertilité. L'Église, vous le savez, applique à la Sainte Vierge ces deux expressions de *fontaine scellée* et de *jardin fermé*, que Salomon avait appliquées à son épouse bien-aimée. — La montagne d'*Etam* qui domine les Vasques fut le théâtre des exploits de Samson contre les Philistins. — Plus loin nous apercevons, à droite sur une colline, une vieille tour en ruines, la tour de *Bethsour*, où le roi Antiochus livra une grande bataille à Judas Macchabée, lequel cette fois ne fut pas vainqueur.

A partir de là, la vallée devient plus verdoyante ; c'est l'antique *Vallée de Mambré* dont nous devons la première description élogieuse aux explorateurs envoyés par Moïse du milieu du désert. Ces éloges ne sont pas exagérés ; on peut voir encore dans les champs de vignes des raisins d'une grosseur prodigieuse. Enfin apparaît bientôt la ville d'Hébron, ville absolument musulmane et de plus très fanatique ; aussi renonçons-nous à pénétrer dans ses murs. Nous l'examinons de loin et surtout le grand monument qui émerge du milieu des maisons. C'est l'ancienne mosquée dont les murailles datent de Salomon. Cette mosquée recouvre la double caverne achetée par Abraham pour la sépulture de Sara, sa femme. Les restes des patriarches et de leurs femmes y reposent ; mais l'entrée de ce lieu vénéré des Musulmans est pour le moment absolument interdite aux chrétiens. Nous le regrettons sincèrement.

Une charmante oasis à visiter, encore, c'est *Aïn-Karim*, autrement dite *Saint-Jean-dans-les-Montagnes*, à une lieue et demie de Jérusalem ; en ce lieu habitaient Zacharie et Élisabeth ; en ce lieu naquit le précurseur ; c'est là que Marie se rendit en toute hâte de Nazareth et qu'elle chanta, sous l'inspiration du Saint-Esprit, son immortel *Magnificat*. C'est vraiment *un pays de montagnes*, comme le dit l'Évangile, et c'est aussi, à quelques centaines de mètres de distance, la solitude, le désert. Saint Jean y a séjourné trente ans, vivant de la manière la plus austère et se préparant par la pénitence à son grand ministère sur les bords du Jourdain. Une grotte et une source limpide indiquent le lieu où celui que Jésus nomme le plus grand des enfants des hommes prenait habituellement son repos.

Revenons à Jérusalem. Du côté du nord, on aperçoit une colline assez élevée, c'est le *Nébi-Samouïl*; certains auteurs y voient *Maspha* où résidait le prophète Samuel, où il administrait la justice et offrait des sacrifices. D'autres y voient *Gabaon*, lieu à jamais célèbre par la victoire que Josué y remporta sur les Amalécites, grâce au miracle qu'il y opéra en arrêtant le soleil. — A l'ouest de la Ville sainte, est le *Champ du Foulon* où fut détruite par l'ange exterminateur l'armée de Sennachérib, et où le prophète Isaïe annonça que le Messie naîtrait d'une Vierge. — Là commence la vallée de la *Géhenne* où les Juifs se livraient à l'idolâtrie et offraient des sacrifices au dieu Moloch. — *Haceldama*, le champ du potier acheté avec les trente deniers de Judas, est situé sur l'une des pentes de la vallée, à droite; on voit aussi du même côté beaucoup de tombeaux creusés dans le roc, dont certains ne manquent pas d'intérêt. Cette vallée très étroite va rejoindre plus bas la vallée du Cédron qui, dans sa partie supérieure, porte le nom connu de *vallée de Josaphat*. Cette dernière est remplie de tombes juives ou musulmanes sans importance, sauf les monuments d'Absalon, de Zacharie et de saint Jacques taillés dans le roc en tout ou en partie. Ceux-ci méritent une attention toute particulière.

En descendant la vallée, on voit à gauche le village de *Siloé*, vis-à-vis duquel se trouve la piscine du même nom, immortalisée par le miracle de l'aveugle-né. L'eau de cette piscine vient de la fontaine de Marie, où la Sainte Vierge allait puiser de l'eau pendant son séjour au Temple. En poursuivant notre chemin le long du Cédron, nous arrivons, après trois heures de marche, au monastère de Saint-Sabas, l'un des plus anciens couvents chrétiens et l'un des plus curieux sans contredit. Il est soudé au rocher et se compose d'une collection de petites cellules bâties tout autour du tombeau de saint Sabas et de l'église Saint-Nicolas. Si ce bon saint Sabas revenait au monde, il serait très étonné et attristé de voir le couvent fondé par lui peuplé actuellement par des schismatiques qui osent l'honorer comme leur patron, mais qui, depuis bien des siècles, ont cessé de l'imiter dans leur soumission aux Pasteurs légitimes de l'Église.

Je termine ici mon petit récit de pèlerinage en Terre-Sainte : s'il vous a intéressés, tant mieux ; mon désir est satisfait. — Le Souverain Pontife Léon XIII, d'illustre et sainte mémoire, déclarait, dans une assemblée de pèlerins, que ce voyage pieusement accompli est une marque de prédestination. Ce n'est pas une vérité de foi ; mais je crois pouvoir affirmer que les belles et touchantes impressions de ce pèlerinage contribuent puissamment à nous faire *mieux connaître, mieux aimer* et *mieux servir* le divin Maître, dont il m'a été donné de suivre les pas en Judée et en Galilée. Dieu veuille que tel en soit l'heureux résultat pour moi comme pour vous, chers lecteurs, pèlerins de désir, et nous serons plus assurés de la réussite de notre *pèlerinage de la Jérusalem céleste*, le grand objet de notre espérance !

TABLE DES MATIÈRES

Imprimerie de Notre-Dame de Montligeon.

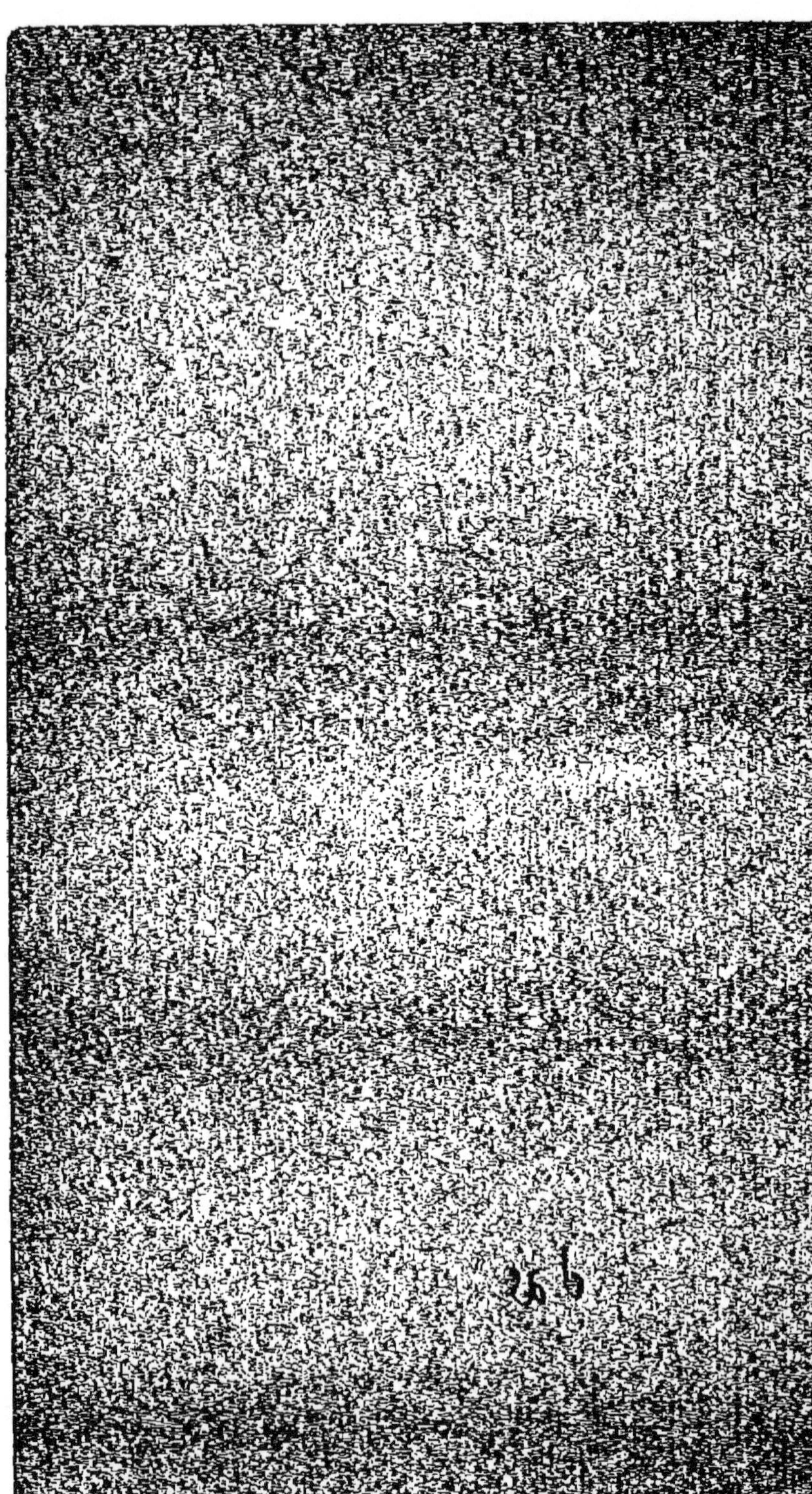

www.ingramcontent.com/pod-product-compliance
Ingram Content Group UK Ltd.
Pitfield, Milton Keynes, MK11 3LW, UK
UKHW021558260726
13993UKWH00002B/924

9 782019 958176